Crno Sunce
~
Trideset kazivanja ključara vremena

Crno Sunce

~

Trideset kazivanja ključara vremena

Eva Rančić

Globland Books

Crno Sunce

Praslika

EVA RANČIĆ

Pružio sam ruku
Da izbrišem javu,
Pa sam osmehom
Nacrtao stravu.

Hodao po žici
Nad odrazom u vodi,
Oko mene krici
Trče ka slobodi.

Al uvira nema
Gde pesma procveta,
To varka je samo
Hologramskog sveta.

Zato moji prsti
Šaraju po platnu
Groteskna lica
Koja plutaju u blatu.

EVA RANČIĆ

Crno Sunce

EVA RANČIĆ

U sveže iskopanim rakama
Loviš svetlost.
Bunariš želje u ugaslim
Očima mrtvaka.
Kažeš: Pristajem, ponesite me
Odlazeći kroz portale
Nekih drugih svetova,
Ovaj ovde mi već odavno
Žulja srce, tera krv
U neizgovorene rečenice...
Osećaš li njenu toplinu
Dok čitaš ove simbole
Za vetrokaze... Drugi
Su našli razloge, ja
Samo tražim izlaz.

Crno je sunce palo na zemlju
Iz njegove utrobe
Izlila se crna reka
U njoj su plutale vatrene duše
Crvene ruke pružale su ka tebi
Iz očiju su im ključale reči: Elahi, elahi...[1]
Nad glavama su im letele
Dvoglave ptice, kljunom
Zobale svaku reč da
Ni jedan svedok ne ostane,
Jer onaj ko jednom dobrovoljno
Zagazi u paralelnu realnost
Onoga koga zovu Marduk[2]
Teško da će se živ
Odonud vratiti.

[1] Elahi — (aramejski) moj Bože
[2] Marduk — u vavilonskoj mitologiji vrhovni Bog, tvorac sveta, „gospodar života"

Da. Crvene ruke su te zvale
I dozvale, tebe živog u
Tu crnu reku. Plutao si
Pritisnut odasvud
I nisi osećao bol
Koja te mamila
Hteo si da znaš, ali ima li
Znanja za koje nećeš dati
Odgovor na sudu?
Reka je plovila ka svome uviru
A mozak natopljen sumnjom
Čak ni u ovu stvarnost
Nije verovao.

Visoko gore na nebu gorelo je
Neko drugo sunce, treptaji zvezda
Merili su drugo vreme
A dole u apsurdu anomalija bivstvovanja
Nosila je tebe s nekim nepoznatim dušama
Ka onome što živi samo u priči
I ne zna se da li je najgori košmar
Ili legenda lišena kazivanja
Koja je baš sada rešila
Pred tvojim očima da oživi.

— Kako si ti brate živ dospeo među nas?
Pitale su te vatrene duše,
— I kad si već tu znaš li kuda idemo?
Kosti ti drhte od neke jeze
Ali iz očiju reči ne izlaze
— Ovo je samo matriks, bleda se
Senka rađa u umu
— Akeldama, akeldama![1]
Ori se sa svih strana,
Dvoglave ptice snagom divova
Kljuju prosute reči po etru,
Jer ti ne znaš al one znaju
Kako se svetovi iz dodira
Reči i etra rađaju...

---

[1] Akeldama — „krvna njiva", groblje u Jerusalimu za „goste"

Tad leprozna zmija odnekud izroni
— Ko te je prizvao? — Uzdrhtaše glasovi
— Među vama je uljez — zagrme ona,
— Smesta ga predajte meni
Crvene duše opet zavapiše: Elahi, elahi
I namah sve u crnu reku zaroniše
Ti osta sam, go i čist sa znakom pitanja
Utkanom u prkosu.
— Ti ćeš poći sa mnom zalutali putniče
I ne čekajući tvoju nemoćnu pobunu
Obavi se oko tebe leproznim telom
I odvuče te duboko u vodu.

— Kako ova duša u ovaj svet dođe,
Pogledaj ga ni avatar nije?
Da ga nisi zgrabila gnusna zmijurino
Dok je radoznao u vrtu saznanja obitavao?
— Gnusnog sam stvora u crnoj reci ulovila,
Omamila ga je pesma mrtvih duša
A sam u njih nije verovao,
Smrdljiva utvara strahom obrubljena
U vlastitoj se dosadi zagnojila,
Bezrodno drvo što vazduh uzalud diše.
Kad grdni car pred tebe stade
I upita: Reci putniče kako ti je ime
Ohola duša u tebi tad planu
— Pesnik, zagrme ti u svom neznanju.
— Pesnik? Može li biti
To šta dobro?
Može li...
Za ovaj svet on nije, vodi ga zmijo
Ako koja realnost hoće da ga primi!

Zaplesa tada zvezda ludila u tebi
— Kakvog si sveta ti car
Kad oko tebe
Mrtve duše bezumljem gore,
I nekom se drugom Bogu mole
Vape za oprost i gorko se kaju
Sećaju se nekog dalekog leta
Za koji verovahu da je bio san...
Kakvog si sveta ti car...
— Vodi ga zmijo, izgubio je razum
— Znaš da ću svuda pričati
O ovome što videh ovde!
— Šta me se tiče, pričaj
Ionako ti niko neće verovati,
Pesniče!!!!!

— Idi sad neverni putniče
Ništa van sebe nećeš naći
I život i smrt u tebi su zapisani
Umeš li da čitaš,
No slova su ta krvlju natopljena
Zato se skrivaju od pogleda tvog.
— Reci mi zmijo kako ipak
Da naučim da ih čitam.
— Kao što rekoh odgovor je u tebi,
Sva znanja koja sada postoje nedovoljna su,
Ako pronađeš put do dvorane Amenti[1]
Saznaćeš sve, ali put je mračan
Ako ti duša ne svetli
Izgubićeš se zauvek u tom mraku.
— Kako ću živ naći put?
Zar u spisu jasno ne piše
Da tamo samo mrtve duše odlaze?
— Tumači su hteli da zablistaju
Sjajnije od pripovedača!
Sve je baš onako kako
U spisu stoji ni jedno slovo
Nije ni dodato ni oduzeto,
Ali ljudski um, o paradoksa
Misli da zaista mnogo zna,
Uvek dodaje svoje izvrnute verzije
Tumačenju misterije.
Čuj me dobro šta ću ti reći

Put je za žive dok još imaju
Slobodnu volju!
— A Jagnje gde je u toj celoj priči?²
— Dotle ti još stigao nisi.

¹ Dvorane Amenti — smaragdne table Hermesa Trismagistusa
² Jagnje — Hrist

Evo te opet u crnoj reci
Ponesoše te crvene ruke ka obali
— Ti još možeš da se spaseš
Pesniče i zato pevaj i voli
Jer nema druge istine osim
U ljubavi, ali onoj Božanskoj
Ljubavi koja obitava samo
U čistom srcu, sve drugo je varka
Obmana egomanične duše
Taština plitkog uma
Večito naviklog da postavlja pitanja
Da po bespućima luta tražeći odgovore
A odgovora nema van činjenja...
Tu je mudrost ko ume da sluša
— Leprozna zmija je rekla
Da tražim put do dvorane Amenti
— Taj put će vas sve jednom i sam naći
Ali tu nije zaključana prava tajna.
Mi ti rekosmo a ti vidi šta ćeš...
Odavde putevi vode na sve strane.
Dok te je nosila neka tek probuđena
Sila duboko u tebi
Za tobom se vio sablasni poj
Crvenih duša: Maran ata... maran ata...[1]

---

[1] Maran ata — (aramejski) Gospode dođi ili Gospod dolazi

Maran ata... maran ata pevao si
Pesniče moj ne znajući da li
Će ti anđeli poravniti pute
Ili ćeš golim grudima udarati
O hladne stene iluzije koju zoveš život,
Hoće li se parče srebrnog neba
Odroniti baš nad tvojom glavom
I smrskati je bez griže savesti,
Ili će je okititi večno sjajnim zvezdama
I uzdići je tako među besmrtne.
Kada ti samo misli ne bi usporavale
Korak i vezivale srce,
Možda tada ne bi na ramenima
Nosio ovu zver koja samo u jednom
Dahu ima toliko pitanja koliko
Ti nemaš vazduha.

Već si mnoge svetove prošao
Za tobom je ostao otisak duše u etru
Kao jedino svedočanstvo o tvom bivstvovanju
Za tvojim tragom išla su razna svetlosna bića
Čekajući da im imena izgovoriš
I tako naseliš u tvoju stvarnost,
Šaputala su za tvojim tragovima
  — Barnaša, krsti nas, otelotvori...[1]
Zar si zaboravio da Adam si
Najmilija rajska tvorevina,
Hejjj... Barnaša...
A ti pred okovanim Prometejem zastade
Ganut uzaludnošću njegove žrtve,
Jer iako je ukrao bogovima vatru
Ne svede svetlost u ljudsko srce!
Hejjj... Barnaša...
Ponovi ti sam za sebe ne shvatajući
Da to beše pesma onih
Što za tvojim tragom hode.

---

[1] Barnaša — (aramejski) sin čovečanstva, ljudsko biće

Kako ćeš se sada takav
Vratiti među ljude Pesniče moj,
Kad i tvoje seni pevaju uvek isto
Samo o kraju i umiranju,
Nikad o razuzdanom plesu pod nebesima
Uvek o vatri, krvi, i uzaludnosti
Uzalud potrage uzalud sva znanja,
Nova saznanja otvaraju nova pitanja
Neznanje je uvek sve veće,
Zrnca sve ređa, glad sve nezajažljivija.
„VREME je Tajna pomoću koje možeš
Slobodan biti od ovog prostora"[1]
Ali ti bi zavezan u koraku
Da se oslobodiš i VREMENA,
A ne da rešavaš misterije
Umorni pesniče moj.

[1] Hermesova tabla br.10 „Ključ vremena"

Znam reći ćeš: Način na koji
Ja postojim suprotan je načinu
Na koji ti razmišljaš, možeš li
Umiti oči mrakom a videti svetlost,
Pod rebrom sahraniti pticu
I čuti njenu onostranu pesmu,
Kroz plač novorođenčeta
Čuti dolazeće korake grobara,
Koji su istina za neke prilično daleko,
Ali ipak jednom se sustignu
I preseku u osi trajanja.
Znam reći ćeš: Sve je to ludost
Mog vlastitog umovanja,
Jer stvari imaju onakav oblik
Kakav im da naša duša,
I sve je to u redu i sve može
Biti da je istina, ali
Srce se umiva samo Ljubavlju,
A Ljubav gde je?

Prema tebi me vuče silna želja za umiranjem,
Ti si moj dželat iako ti ruke nisu krvave.
Ako zaista postoji reinkarnacija
U svim prethodnim životima
Ti si uvek bio moj ubica.
I u ovom te je privuklo srce koje kuca
Jer ti si samo njegove otkucaje naučio da brojiš
A sve dok brojiš živ si i ti, a ne bi,
Jer negde daleko, daleko
Na nekom drugom nebu
Plešu dva zaljubljena bića
Ples života i smrti
I vatra je uvek ista kao i kraj.

Tad pesnik poslednji put zapeva:
Rodi mi zvezdo prah smrti
Da razvejem ga s ledenim vetrom
Pod svaki kamen u ovom svetu
Da se zavuče i rodi opet
Duhom ljubavi novu verziju
Jučerašnjeg dana
U kome još
Nevinost trči bosonoga!

Čuvši tvoj poj
Leprozna zmija još jednom
Pred tebe stade
— Neumorni putniče, još uvek tražiš.
Dah ti je sve kraći, put sve duži...
„...znam tvoja dela,
Da imaš ime da si živ, a mrtav si."[1]
— Leprozna zmijo još shvatila nisi
Slobodna volja me jeste vodila
Da gledam čuda nebrojena,
Ali upravo me je ona odvela
I do ovoga saznanja: „...Blago mrtvima
Koji umiru u Gospodu od sad.
Da, govori Duh, da počinu od trudova svojijeh,
Jer djela njihova idu za njima"[2]
— Ah, ne zanosi se neverni putniče,
Tebe tvoja dela neće opravdati,
Osim besciljnog lutanja
I uzaludnog traganja ti dela nemaš!
— Najveće je delo, zmijo leprozna
Pustiti u srce Boga raspeta!

[1] Otkrovenje, glava 3, stih 1
[2] Otkrovenje, glava 14, stih 13

Dani su sve kraći
Koraci sve teži,
Bliži se kraj vremenu
„Četiri anđela stoje
Na četiri ugla zemlje,
I drže četiri vetra"[1]
A dole pod nebom
Svako ide za svojim
Davno zacrtanim tragovima
I glave ne diže
A kamoli vreme da pozna...
Jedino ti Pesniče moj
Haljinu belu oblačiš
I smirena srca govoriš:
„...Da, dođi Gospode Isuse".[2]

[1] Otkrovenje, glava 7, stih 1
[2] Otkrovenje, glava 22, stih 20

KO JOŠ SLUŠA PESNIKA

Pravim pesnicima dato je da vide i dublje i dalje, uz to oni imaju izuzetnu senzibilnost da osete zbivanja i na kosmičkom nivou, kao i sposobnost uopštavanja i pretvaranja čulnog u duhovno i simboličko. Oni mogu intuitivno da stižu do znanja koja su pohranjena kao arhetipsko blago, kao „praslika" kako ju je nazivao pesnik Ivan V. Lalić a u sličnom duhu je tumače i veliki psiholozi (Jung). Iz nje, iz tog nezatvorivog oka večnosti u budnu svest savremenog čoveka koji je sklon unutarnjim viđenjima i prosvetljenjima, stižu i večna znanja koja ne gube aktuelnost i koja mu pomažu da svet vide na suštinski i dublji način, da bude svoj i da se ne da ukalupiti u postojeći dekadentni poredak.

Eva Rančić u poemi *Crno sunce* zapravo ispituje nosivost starih sistema svekolikog znanja (*Praslika*, prvi deo) gde je pesniku poverena uloga da sopstvenim iskustvom proveri verodostojnost postojećih sistema koje smo tokom razvoja civilizacije usvajali kao validne, kao i nekih mitova i legendi.

Znanja o najbitnijim pitanjima vremena oduvek su bila sistematizovana i čuvana kao samo retkima dostupna dragocenost. Za njima se tragalo kao za kamenom mudrosti, za tajnom besmrtnosti jer vremenitost ljudske sudbine čini je tragičnom. Sveprisutni diskurs o kraju vremena pokreće i društvo i pojedince da sve intenzivnije tragaju za istinom, ili bar za nekim odgovorima, jer kako da se oni koji su na sebe uzeli prerogative Božje sile, pomire s tim da nisu besmrtni.

Eva Rančić vodi pesnika kao budno oko vasione, poput

Orfeja, ponovo u had da dobije odgovor o poslednjim istinama o smrti, životu, ljubavi, kao i da utvrdi status pesnika u svemiru:

Merili su drugo vreme
A dole u apsurdu anomalija bivstvovanja
Nosila je tebe s nekim nepoznatim dušama
Ka onome što živi samo u priči
I ne zna se da li je najgori košmar
Ili legenda lišena kazivanja
Koja je baš sada rešila
Pred tvojim očima da oživi.

Živimo u dobu kada se svet nalazi na čudnoj prekretnici, kada se svim silama nameće jednoobraznost u nazoru na svet i kada se sistemski radi na tome da se prihvati jedan model postojanja a da se sve drugo obezvredi i proglasi za neregularno. Da se ljudska moć uzdigne na nivo božanske a da se Bog kao vrhovno načelo svega postojećeg i simbol najveće moći skine s trona, izbriše. U takvom svetu koji počiva na negovanju osrednjosti, zatupljivanju čovekovih intelektualnih sposobnosti u prvi plan izbija surogat svega, lažni sjaj, lažno znanje i odsustvo vere, što rezultira obezličavanjem i obesmišljavanjem ličnih napora. Takav svet svestrano se preispituje u ovoj doboko misaonoj i simboličkoj poemi koja afirmiše samosvest pojedinca, pesnika kao glasonoše istine čiji trag ipak opstaje u vremenu.

Tu grozomornu stvarnost poetesa opredmećuje slikom užasa u kojoj je dominantna bezličnost, animalnost, to je realnost nalik na grotesku i u njoj ništa nije autentično. Svi koji ne žele da se uklope u takav svet, nepoželjni su, to živimo prihvatali je ili ne, a sva je prilika da se pronalazi način i da takvi budu eliminisani iz društva. Elem, svet je sve bliži ostvarivanju najgrozomornijih distopija, i poezija kao u ovoj poemi traži odgovore na tu posrnulost i izlaz iz nje.

Pružio sam ruku
Da izbrišem javu,
Pa sam osmehom
Nacrtao stravu.

Hodao po žici
Nad odrazom u vodi,
Oko mene krici
Trče ka slobodi.

Pred takvim simulakrumom pesnik kao onaj ko skenira sve i nužno ustaje protiv svega toga traži formu u kojoj bi najadekvatnije iskazao ono što vidi, da bi obelodanio svoju pobunu. Pesnikinja Eva Rančić na tim osnovama gradi svoju poemu metaforičnog naslova *Crno sunce*, koje oličava tu naopaku demonsku ljudsku moć, kao i na uvidima u tajna znanja prethodnih civilizacija. Međutim, simbolika crnog sunca vraća nas i na vezu sa precima koji pulsiraju u našim genima, bitišu u našim verovanjima, strahovima, slutnjama, običajima, pa na kraju i našim stradanjima jer, iako naša hrišćanska religija ne priznaje zakon karme, život koji je mnogo širi od bilo koje ideologije, to iskustveno pokazuje. Shodno tome formulisano je i narodno verovanje da se greh ispašta do devetog kolena.

Svesni svega kroz šta kao narod, pa možemo reći i kao svet, prolazimo, nije bez osnova podsetiti na to.

Crno je sunce palo na zemlju
Iz njegove utrobe
Izlila se crna reka
U njoj su plutale vatrene duše

Najbolji prikaz savremenog doba dat je kroz vizuru podzemnog sveta gde ne bitišu ljudska bića već kreature, duše grešnika koje postoje samo kroz krike.

Zlo je moćno i ponekad se čini da mu ništa ne može stati na put, princip dobra ipak nadvlada tu moć.

Stoga je u srži poeme *Crno sunce*, u krajnjem slučaju borba dobra i zla, svetlosti i mraka, znanja i neznanja, slobode (da se bira sopstveni put, pa i u sticanju znanja, kao ovde) i porobljenosti, matriksa i stvarnih formi postojanja na kojima insistira umetnik, pesnik kao oličenje svesti o svom božanskom biću i nužnosti da utiče na sve(s)t.

Kad grdni car pred tebe stade
I upita: Reci putniče kako ti je ime
Ohola duša u tebi tad planu
— Pesnik, zagrme ti u svom neznanju.
— Pesnik? Može li biti
To šta dobro?
Može li...
Za ovaj svet on nije, vodi ga zmijo
Ako koja realnost hoće da ga primi...

I zaista, podstaknuti ovim stihovima ne možemo a da se ne zapitamo, u kojoj to realnosti pesnik danas živi, ko ga sluša, slavi, ko mu je potpora. Ne zaboravimo kakvu je ulogu imao tokom istorije, a istine radi treba reći da je po neki od njih oduvek i bio instrumentalizovan i da je donekle služio poretku, ali pravi pesnik je uvek u opozitnom odnosu sa poretkom jer ne pristaje na nametnuto. I njegova prva pozicija je slobodarsko samovanje, traganje, preispitivanje svega, pa i ideje o drugom dolasku Hrista koja se ovde na kraju i obznanjuje prihvatanjem kao ishodištem iz svega. O takvom pesniku je reč u poemi *Crno sunce*!

Pristajem, ponesite me
Odlazeći kroz portale
Nekih drugih svetova,
Ovaj ovde mi već odavno
Žulja srce, tera krv
U neizgovorene rečenice...
Osećaš li njenu toplinu
Dok čitaš ove simbole
Za vetrokaze... Drugi
Su našli razloge, ja
Samo tražim izlaz.

Poetesa podseća na tajna znanja Hermesa Trimegistosa, na znanje uopšte koje je najveći problem savremenog čovečanstva jer daje slobodu koja je znak moći, a protiv koje se zaverilo i bori se svim silama protiv nje.

Zapažamo da je više nego očigledno da se odstupa od etosa utkanog u našu kolektivnu memoriju, na svakom koraku to vidimo, udaljavajući se od vrednosnih i moralnih postulata. U društvenoj sferi povlađuje se iskustvu što je stiglo kao deo sveta i suprotno je onome što nam je imanentno, a u osnovi kulta crnog sunca je i moć da kazni, opeče onoga ko je skrenuo s tog bogomdanog puta. To su implicitne poruke utkane u ovu poemu istog naslova.

Hteo si da znaš, ali ima li
Znanja za koje nećeš dati
Odgovor na sudu?
Reka je plovila ka svome uviru
A mozak natopljen sumnjom
Čak ni u ovu stvarnost
Nije verovao...

Shodno tome, vrlo darovita srpska poetesa (i pisac kratkih priča) Eva Rančić, opredeljuje se upravo za grotesku te ispisuje neku novu kroki verziju Danetovog *Pakla* u kojem se zveri u ljudskom obličju proždiru.

Jedino pesnik koji je još autentičan i svestan svega jer je i formiran na sumnji u sve, pokušava da unese zrno razuma u taj sveopšti galimatijas. No, ko još sluša pesnika, ko još shvata kakvim znanjima on raspolaže, jer to nije samo znanje od ovoga sveta. Kroz njega prosijava božanska mudrost, ljubav kao svetlost i znamen reinkarnacije, duhovne obnove, spasenja i opstanka. A znanje je očigledno bilo ono što smeta od pamtiveka. Taj strah od znanja iskazan je u legendama, tajnim učenjima, pa i u biblijskoj matrici oličenoj u zabrani prilaska drvetu poznanja jer se besmrtnost posredno vezivala, za misteriju i moć vrhovnog božanstva (danas su to vladari koji bezmalo o svemu odlučuju) da jedini ima u svojim rukama eshatološki ishod svakog ponaosob. I ko je u veri, ko brine o poslednjim pitanjima svoje egzistencije neće zalutati ma u kakvom paklu se našao, svetlost božanske ljubavi pokazaće mu put, to nam sugeriše lirski glas pesnika iz ove poeme.

Crvene ruke pružale su ka tebi
Iz očiju su im ključale reči: Elahi, elahi...
Nad glavama su im letele
Dvoglave ptice, kljunom
Zobale svaku reč da
Ni jedan svedok ne ostane,
Jer onaj ko jednom dobrovoljno
Zagazi u paralelnu realnost
Onoga koga zovu Marduk
Teško da će se živ
Odonud vratiti.

Pesnikinja dekomponuje taj mit, tu legendu dajući moć pesniku da zna najbitnije tajne sveta koji je poput pakla u kojem se odvijaju najgrozomorniji prizori. Glavnu ulogu i tu ima zmija koja ga uzima pod svoje. Ovakav scenario zbivanja, budući da je reč o poemi u kojoj su zbivanja i radnja sastavni delovi lirske strukture, pesnik je nepoželjno nepokorno strano biće koje oponira. Želi promene, spreman na rizik i podnošenje žrtve zarad znanja:

Jer stvari imaju onakav oblik
Kakav im da naša duša,
I sve je to u redu i sve može

Biti da je istina, ali
Srce se umiva samo Ljubavlju,
A Ljubav gde je?

Čitava poema *Crno sunce* je u znaku slavljenja slobodne volje čoveka u liku pesnika koji žudi za sticanjem iskustava kroz sva vremena i znanja svih kultura i civilizacija, ali se na kraju sve svodi na prepoznavanje sebe u okviru sopstvene tradicije i religije, gde se u božanskoj ljubavi pronalazi utočište za večno trajanje u jedinstvu sa Hristom koji je i put i utoka. U stvaralačkoj slobodi da se svet imenuje i tvori uprkos poricanju tih vrednosti, uprkos sumnji u smisao svega. U nužnosti da se ostavi trag sopstvenih avantura unutar vlastitog bića, istorije i civilizacije.

Poema *Crno sunce* je izraz jednog blistavog misaonog napora da se mnoge bitne teme iz domena večnog i aktuelnog pokrenu i lirski otelotvore kroz upečatljive slike, guste metafore i višeznačne simbole.

Milica Jeftimijević Lilić

Trideset kazivanja ključara vremena

PRIČA PRVA

Dozivaju me boje sa tvojih slika,
Žele da kazuju tajne
Rasute po malim,
Mikroskopskim granicama
Između crvene i plave,
Zelene i bele,
Nežno ušuškane
U apstraktne oblike
Iza kojih živi ceo jedan svet
Satkan od sećanja
Nas i naših predaka,
Utkanih u svaki zalogaj hleba,
U svaki gutljaj vode,
U svaki nemi uzdah
I nikad prolivenih suza.
Zato dobro poslušaj
Jedno srce boje kosmosa,
Oivičeno plavom,
Ko zna možda baš
Plavom iz tvojih očiju.
Plavom u kojoj pulsira crvena,
I kazuje...
Poslušaj, odškrini stare hazne[1],
Pokupi uvelo lišće

Po njima napadalo,
I ovaj put pazi,
Ne slušaj njegovu tako znanu pesmu
Koja te uvek iznova opije,
Koja se bestidno urezuje u damare
I vuče i odvodi nekud u ponore
U kojima se samo o kraju kazuje...
Ne slušaj...
Odškrini stare hazne,
U njima živiš sasvim drukčiji ti...
Ti koji umeš da naviješ srce na ponoć,
I pogled iz očiju na neki drugi sjaj...
Jedan Ti koji si svuda i u svemu,
I koji mnoge tajne znaš...

[1] Hazna — riznica

DRUGA

Pričao si mi o pesnicima
Koji večno žive u mrtvim redovima
Svojih pesama,
U očima ptica selica,
U valovima mora
Koji neprestano obilaze svet
Uvek u istom krugu,
U hiljadama hiljada malenih srca
Koja čekaju da zakucaju
U nečijim grudima...
Pričao si kako je to nekakav soj
Koji onako iz dosade
Ili čiste ludosti
Razapinje dušu
Sa jednog kraja sveta na drugi
I lovi zvezde padalice
I lovi iz vlastitih života prognane,
Pa onda...
Uz čistu rapsodiju vetra
Iznosi ulovljene duše
Nekoj novoj Suđaji[1]
I moli da bar jedan zrak sunca
U njihove mrakove udene.
Za uzvrat na svoja pleća tovari

Bremena koja bi svakog do zemlje povila,
Ali njega, o paradoksa,
Uznose gore ka nebu,
Ka prestolu...
Pesnika jednog,
Okićenog ne lovorima već perunikama[2],
Jer kako bi drugačije
Jedan pesnik pred Hrista
U četvrtak[3] izašao!

---

[1] Suđaje, suđenice ili rođenice — natprirodna ženska bića iz stare slovenske vere koja određuju sudbinu novorođenog deteta
[2] Perunika (latinski *iris*) — cvet posvećen bogu Perunu
[3] Četvrtak — dan posvećen bogu Perunu

TREĆA

Razlivaju se misli
Kao tinta
Po površini vode,
Boje snove
U čijim najskrivenijim uglovima
Bezglasne zveri žive...
Negde u daljini
Otkucava sat,
Ali ne meri vreme
Nego ga otkraja unazad,
Na crkvenom zvoniku
Umire poslednji ton.
A gore negde
Iznad podnebesja
Hor mrtvih duša
Neku nepoznatu ariju poju:
Heeej barnaša ime nam izgovori, otelotvori[1]...
A ti haznadare[2] moj,
Gde si sad ti
Kad ti i mrtva usta ime izgovaraju?
Zar su te neka drevna kazivanja
U neke druge svetove odvela,
Zar ne znaš
Ovde su se sva sunca ugasila,

EVA RANČIĆ

Reke mrakom teku,
Pesme umiru neispevane,
Ovde su vatre postale plave,
Snegovi crni
I sve je zavejano
Na dugo vremena...

[1] Iz poeme *Crno sunce* Eve Rančić: Barnaša — (aramejski) sin čovečanstva, ljudsko biće
[2] Haznadar — rizničar

ČETVRTA

Iz hodnika sećanja odjekuju priče,
Iz svake reči iskaču šareni svici.
Svaka priča počinje sa „bilo jednom"...
Jedna topla kućica negde u planini,
Pred kućom sedi starac sedi
Na oktobarskom suncu
I krade iz njegovih zraka
Za svako „bilo jednom"
Jednog dečaka
I jednu devojčicu
Koji razrogačenih očiju
Prate tu zlatnu nit sunca
Iz dedinih priča,
Veselo umotani u bezbrižnost
Koju samo detinjstvo ume da daruje,
Mada ne uvek i ne svakom,
Ali to bi bile neke druge priče.
Kroz ovu sadašnju
Šeta i jedna dobroćudna baka
Koja uvek miriše
Na sveže umešen hleb
Ispečen u pećnici na drva,
Na majku i na oca,
Na usnula brda

EVA RANČIĆ

Zauvek otelotvorena u srcu
Koje ih posle nosi u daleki svet
Čak i na ulicama Pariza, Njujorka
I kuda sve ne,
Da tamo ugreju dušu,
Izmame osmeh,
Istina pomalo setan,
I razgale srce u kom žive
Oni maleni šareni svici,
Zauvek.

PETA

Dok udara kiša po oknima prozora,
Svici u srcu ćute,
Kroz magnovenja razlivaju se senke,
Plešu po zidovima sobe.
Te senke su zaboravljene reči,
Davno izgovorene
Onda kada se odlazilo,
Kako se tada činilo,
Zasvagda.
Sada ih je probudilo
Ovo dobovanje kiše,
Ove usnule magle
Porinute duboko u poglede,
One poglede
Koji vide unazad vijugave puteve
Koji su nas odveli
U nečije tuđe slogove reči,
U tuđe melodije i koračnice,
Nas decu raspletenih misli,
Raširenih ruku
Koji su u koraku nosili slobodu
Uvek i svuda,
Ne shvatajući da je najskuplja reč
Koja postoji, i danas,

O dragi moj haznadare
Naročito danas.
Moje senke
U mojoj sobi plešu noćas
Sa mnom ples zaboravljenih pozdrava,
Obećanja...
Nespretno gaze moja stopala
Nenaviknuta na ove cipele zaborava.
A kada zatvorim oči,
Odnekud iz dubine
Zaigranih senki zamiriše
Tek skuvano mleko...
O da...
To miriše detinjstvo.

ŠESTA

A onda je čini se niotkuda
Na krilima leptira
Dolepršala priča o čudesnom drvetu.
Zatekla me je negde
Između snoviđenja i priviđenja,
Dok sam onako bosonoga
Gacala po dnu,
Trenutno u nekoj drugoj priči
Odbegle reke (ovde joj se, zamisli,
nisu dopali milozvučni tonovi vrtloga,
zaslužila je, kaže,
da se u njih unese malo više drame!).
I skupljala malene pesmice
Sakrivene ispod svetlucavih oblutaka
U bojama plavo-crvenim,
Svih mogućih nijansi.
Upravo pod jednim takvim kamenom
Pronađoh zapis,
Za mene vrlo nejasan tada.
Pisalo je: Ovde... čudesno drvo lepezaste krošnje...
S obzirom da su ostala slova bila izbrisana
Nisam mogla da dešifrujem ništa...
Sve dok ne stiže nošena damarima vetrova
Jedna druga poruka,

Sve postade jasnije.
Iako drvo čudesnih karakteristika
Lepezaste krošnje nije živelo ovde,
Reka je za njega ipak nekako znala,
A kako i ne bi kad ima tu hirovitu prirodu
Da se seli tamo-ovamo.
Mada nije mi sasvim jasno
Da li bi takvo drvo
Ako bi se kojim slučajem tu posadilo
Moglo da živi i onda
Ako izgubi svoju vezu sa žilama,
Jer bi moglo da oponaša
Divne boje rečnih oblutaka,
Pa da ne uvene,
Već da se sa njima nekako saživi,
Bar dotle dok se ne vrati ova reka-lutalica,
A ko zna, možda i tada,
Ja ne znam, i nisam sigurna sasvim,
Ali načula sam šapat
U zaostalim baricama na dnu korita,
Da je reka upravo u potrazi za tim drvetom,
A ovamo je izmislila drugu priču
Da zavara trag...
E sad, šta je istina?
Dok to ne saznam
Sedeću na obalama raznih reka
Koje nisu otekle iz svojih korita
I slušaću njihove priče,
Kao zlatne niti utkane

U njihove vesele žubore.
Možda će neka doneti neki trag...
Do tada snoviđenja se menjaju
Na horizontu razuma,
Priviđenja se rađaju i zalaze
U kreacijama iracionalnog uma,
Vreme teče uskovitlanim krvotokom,
A ovaj postojeći svet
Sanja virtuelne snove.
Valjda je to u modi.

SEDMA

Tako
Dok sam sedela
Na obalama odbegle reke,
Sasvim neočekivano,
Naiđoše vazdušne vile.
Na svojim krilima su nosile
Jedan vodopad
Koji je žuborio neku davno
Zaboravljenu melodiju
O jednom drevnom svetu,
A vile su ga pratile pesmom
Koje su pevale na nekom pra-jeziku,
Jeziku stvaranja, jeziku bogova.
Kada su me videle
Stale su prilično iznenađene,
Ali nisu pitale ništa.
„O čemu govori pesma?"
Usudih se da pitam,
 Jedna od njih se nasmeja pa reče:
„Pesma ionako nije za vas, ljude,
zato ti njene reči ne mogu reći,
ali reći ću ti tajnu,
pesmom smo stvorile
ovaj vodopad i njegovu prekrasnu melodiju",

Zatim sa nekim žaljenjem u glasu dodade
„Nekada ste i vi, ljudi znali ovaj jezik stvaranja,
ali niste ga bili dostojni,
zato vam je on oduzet
a dati su vam „mrtvi" jezici,
sećanja su vam izbrisana,
stvaralačkih mogućnosti imate još u tragovima,
otuda lutanja, otuda pitanja..."
Krenule su dalje
Ne dozvoljavajući više da postavljam pitanja.
„Reka neće još zadugo doći"
Dobaci jedna od vila.
Ostadoh da gledam za njima
Pitajući se gde se to kriju
Ljudska sećanja?

OSMA

Odoh i ja za svojim tragovima,
Jer kako rekoše vile
Reka još zadugo neće doći.
A oni me sami odvedoše
U neku daleku zemlju
Gde let ptica pesmu vetra lovi
Pa je u kamen urezuje,
Gde zapis drvo u utrobi zemlje
Zaboravljene zavete ište,
Gde večni dan
Zrak sunca u damaru pesnika upliće
I šapuće o neumitnom prolaženju,
O nestajanju o crnim zverima
Što u damarima biju
I ne daju putu da se otvori
Ne daju duši da se pokaže
Ne daju danu da osvane
Ni noći da počine,
Niti vremenu da prolazi
Ni druga realnost da bude!
O teške li zemlje
Natopljene nesećanjima
U kojoj ni priče ne mogu da prežive!

DEVETA

Ipak kada se sve uz pipanje po mraku
Nekako vratih iz one zemlje
Koju bih rado da zaboravim,
I kada već odavno bejah
U svojoj toploj sobi
Koju one moje senke
Privremeno behu napustile,
Napipah iza levog uha u kosi
Krišom upleten
Jedan maleni svitak,
Naravno odmah razmotah
Netraženi mi dar
Dok mi je samo krajičkom uma prolazilo
Da ga odmah tako nepročitanog
Bacim u vatru,
Ali verujem da nema onoga
Ko bi odoleo a da ne pročita
Iznenada potureni mu svitak.
Međutim on na moje iznenađenje
Beše veoma kratak:
„U očima zmaja
živi jedan Ahasfer,
jedini je svedok
vremenskoga toka od Hrista naovamo.

Ali njegove oči
zaviriše u knjige
pre nego ih proguta velika tajna
i tako spozna vreme pre Hrista.
Njegovi su tragovi
u dolini lavova
umeš li da čitaš
otiske vetra na kapima rose
naći ćeš put koji vodi do njega".
Spustih svitak u haznu
Zajedno sa pitanjima:
Ko mi je mogao dati ovaj svitak,
I kakva je tajna u njemu skrivena?
Draguljara je mnogo,
Ali retki su oni koji umeju
Reči iz svetla u dragulj da urežu.

DESETA

„Ti nikada nećeš biti kao ja,
u tvom desnom oku
ogleda se krilo anđela,
u levom ti kljun gavrana.
Sa lica ti
crna koprena misli pada,
razum se sa danom oprašta.
Uzalud te nežnim
celivom darivam,
srce je divlje,
nikom ne oprašta.
Ti nikada nećeš biti kao ja..."
Buka je sve veća...
Ko je taj što donosi
Ovakvu pesmu u ovaj moj
Ionako pretrpan svet?
Osluškujem,
Pesma odnekud dolazi
Iz nečijeg sna,
Vidim kao da paunovo pero
Veselih boja,
Iako pesma ni malo nije vesela,
Zamiče iza redova,
Proreda, zareza, tačaka

Nemarno razbacanih
Po belini snova
Onoga koji ni svestan nije
Da mu se tamo neko
Iz istih iskrao
I zalutao
Tako čak do mojih snohvatača,
Da tu bude razotkriven
I otelotvoren.

JEDANAESTA

Plavetnilo nebesko
Spušta se na zemlju,
Boji dan, i šum lišća,
Šapat srca
I ton damara
Danas boji u plavo,
Kraljevsko, raskošno,
Doplovilo na
Lastinim krilima
Negde daleko
Iz mastila sipe,
Iz priča indigo dece,
Plavetnilo nebesko
Opevano u pesmama reka,
Valovima mora,
Kapima kiše
Koje spiraju sećanja
Vaseljene svaki put iznova
Kada padaju na zemlju.
U jednom takvom danu
Posebnom po samom svom svanuću,
Naravno da sasvim posebni gosti
Umeju da navraćaju,
Putnici iz svih vremena

I svih stvarnosti,
I donose darove
Sa kojima čovek
Ne zna tačno šta da radi...
Darove koje je meni
Moj putnik doneo
Iz jednog takvog dana
Iznosim vama na čitanje,
Jer zato su mi i darivani...

DVANAESTA

Ni reč o ljubavi

Evo me u sazvučju tonova sačinjenih od naših uzdaha,
U samozaboravu satkanom od naših dodira,
U katarzmičnom ritmu naših tela...
Gledam ta dva duboka oka, utapam se u njima,
Uvlače me u dubinu, odnose na dno...
Ali ja želim da potonem, da nestanem sasvim i da se ne vratim...
Samo takvu me pamti, sve pre i posle toga zaboravi,
Jar samo je u tim trenucima bilo istine,
I potpune predaje, do samozaborava, do samoponištenja...
Tada kada su usne govorile poljupcima,
Jedino tada nisu lagale.
Samo to pamti... Zapise pod mojoj kožom
Koje si prstima čitao... Pamti samo zvezde po mom telu razasute...
Sve ostalo zaboravi... Crna svitanja u crnim očima,
Nemi vapaj na stisnutim usnama... Kažem, opet, zaboravi...
Vatre su gorele, vatre sve su spalile.
Ni srce nije ostalo.

TRINAESTA

Znaš da ne volim svečana obećanja,
Zakletve, velike reči.
Njih treba čuvati za literaturu,
Za poeziju koja se šapuće na uvo,
Uz penušavo vino, muziku, i zvezdano nebo...
Isto tako znaš da ne volim rastanke, pozdrave,
Teške zagrljaje iz kojih se ranjen odlazi...
Zvuk prećutanih reči duže i milozvučnije
Odjekuje kroz dušu u dugim noćima
Kada melanholija pritisne...
Jedina moja ljubavi
Zašto nisam imala hrabrosti
Za let ili pad, svejedno je...
Sve je ostalo tako,
Kao otvorena knjiga.
Priča je zbrojila svoje snove,
Ali nije bila voljna
Sve da ih razotkrije,
Sve da ih oživi,
Da im dozvoli da goli plešu na mesečini...
Sve je ostalo tako,
Utkano u tišinu,
Pažljivo pohranjeno
U velike izrezbarene škrinje

I bačeno u bunar želja...
Ponekad, sanjiva, bdim nad tim bunarom,
Ali ti ne dolaziš...

ČETRNAESTA

Danas sam rešila da ne mislim o tebi.
Da te ne nosim u svojim očima,
Da te ne osećam na usnama,
Da te ne vidim u drugim ljudima,
U odrazu nebeskog svoda u reci
Koja teče bez spoznaje o životu i ljubavi...
Danas ću da te sakrijem
U neumornu pesmu vetra
Ili pesmu ptica
Ili u sasvim običnu gradsku buku...
Samo da se jedan dan odmorim
Od sjaja tvojih toplih očiju
Koje su se pogledom upijale u mene
Kao da im od toga sam život zavisi,
Od tvojih nežnih dodira
Koji su me okivali,
Koji su želeli robom da me učine...
Samo jedan dan
Da se odmorim od tvoje lepote
Koje nisam mogla da se nagledam...
Ah, najdraže moje, dosta je bilo,
Dosta...
Izađi iz moje glave,
Iz mog srca i duše.

Pusti me bar jedan dan
Da te zaboravim,
Da se odmorim od sećanja na tebe,
Molim te, samo jedan dan...
Pa da odem na polje perunike
I berem cveće Perunovo,
Što niče i cveta
U nekim drugim pričama.

PETNAESTA

Pišem ti
Sa neke daleke zvezde
Mog imaginarnog sveta.
Za sebe sam ti rekla
Da sam ključar vremena,
Da sam večno prisutna...
Znaš,
Da sve sam te lagala.
A ti si me nesebično vodio
I skrivao po hodnicima
Svog ličnog vremena,
Verujući da ću negde
Da se „zapatim"
I udenem u večnost,
Ali onu tvoju.
Krio si svoje uzdahe
Po vrtovima sećanja
U kojima sam naga i sanjiva
Ljubila tvoje tople usne
Što su mi ime i u snu dozivale...
A sada kada vreme
Upisuje svoje ime na našim licima,
Kada crkvena zvona odbrojavaju dane
Do kraja večnosti,

Kada zvezde repatice
Opet nebom promiču
Zažmuri i poželi...
Znaš da doći ću.

ŠESNAESTA

Zaboravi sve...
Miris moje kože,
Mekotu mog tela...
Zaboravi ambise
U kojima smo tonuli
Do samozaborava i nazad.
Zaboravi usne
Koje su te žudno ljubile,
Ruke koje su te nežno milovale...
Prosuli smo sve svoje nežnosti,
Bacili sve svoje nedosanjane snove
U bezdan, iz njega se više ne izlazi...
Duboki vrtlog vuče samo ka dnu...
A ipak i takvoj,
Očajničkoj ljubavi dođe kraj,
Šta je onda ostalo
Za one obične, normalne ljubavi...
Zato zaboravi, sve zaboravi,
Bar ti, kad ja ne mogu,
Ne umem, kad ja ne smem...
Kada mi od tog sećanja sam
Život zavisi...

SEDAMNAESTA

Neki daleki uzdah
Spušta se na ove
Upravo pročitane spise.
Negde između dva sveta
Lebdi neki bledi lik,
Korak odzvanja
Kroz neku drugu realnost...
Ovde je sve daleko
Nejasno i pusto
Bez sjaja očiju koje posvuda traži,
Ali ne nalazi...
Bledi lik koga je prizvala
Skaska iz požutelih spisa,
Ali kao da je proklet
Da večito luta
I nikada ne nađe onu
Koju je nekada davno izgubio,
Onu sa čijih je usana
Upijao sam život,
Ali nije znao,
Ili umeo,
Možda nije imao hrabrosti,
Svejedno...
Izgubio je ono što se ne gubi,

EVA RANČIĆ

Bez čega nema kraja ni početka,
Bez čega nema ni života ni smrti,
Ni reči o ljubavi.

OSAMNAESTA

Dodajem zlatnu sa krila svitaca
Da osvetlim ovaj dan
U kome se traže
Oni koji su se davno zagubili,
Čiji su putevi vodili
Od jedne priče do druge,
A ni jedna nije bila ona prava.
Obrubljujem snove
Svilenim nitima nade.
Želim da uhvatim
Jednu uspavanku vetra
Pažljivo sakrivenu
U najudaljeniji kutak
Jedne još nezavršene priče,
I postavim je kao putokaz
Da svetli svima
Koji još nisu zaboravili
Kako se love snovi
I useljavaju u javu...
Zatim dodajem plavu, ponovo,
Da opet oživi jedno daleko sećanje,
Jedan nikad završeni dan
U kom dvoje postaju jedno
Zauvek.

DEVETNAESTA

Iz jedne takve harmonije,
Lepo posloženih misli,
Minuta i sata,
Uredno sistematizovanih događaja,
Koji su se već desili
I onih pažljivo pripremljenih
Za buduća dešavanja,
Vrlo, vrlo pedantno posloženih priča,
Jer na njih uvek obraćam
Najveću pažnju, u poverenju,
One su eliksir života.
Sve u svemu
U jednom takvom
Do perfekcije dovedenom redu,
Iznenada, naizgled niotkuda
Poče da se projavljuje san…
Fantastičan, nedokučiv,
Ali sav bleštav i sjajan
Kao gejzir jurio je naizgled iz praznine,
Ali nije, kasnije sam shvatila,
Dolazio je negde iz daleke budućnosti.
Nosio je bleštave boje Sunca,
Govorio je o radosti duha
Prisajedinjenog sa Vrhovnim bićem

Univerzuma,
O istinskoj večnosti i
Jednoj za mene potpuno
Nezamislivoj realnosti.
Šta ću pustih ga u svoju haznu
Pored ostalih dragocenosti,
Rekoh da ga sačuvam
Za neke dane kojima će trebati
Više svetlosti.

DVADESETA

U današnjem danu čudima nikad kraja.
Uz onaj san iz budućnosti
Negde nekako usput uletela je
I prava pravcata Žar-ptica.
Zagledana u tajne
Koje mi je san iz budućnosti otkrivao
U prvom trenu Žar-pticu nisam ni primetila,
O kako se uvredila!
Zar da ne primetim
Jedno takvo raskošno biće
Koje samo u legendama živi?
Kako sam se ja
Običan smrtnik na to usudila!
O kako se durila
Moja prelepa Žar-ptica,
Kao jedna prava koketa,
Da bih je odobrovoljila
Ispričah joj kratku priču jednog pesnika.
Prenosim je i vama u celosti:
„*Rađanje Žar-ptice*
Iz mračnih dubina
mesečevog ždrela
izroni zlatnik
Žar-ptica,

poljulja sjaj
odbeglom pogledu
u začaranom oku
i zapljusnu nebo
užarenom lavom!
Tad reka
uzvodno krenu
a lepota-devojka
od kapi sunčevog sjaja
Žar-ptica
postade!"[1]
Moja Žar-ptica
Zadovoljno mahnu krilima,
Sva je mrzovolja odmah prođe.
„Možeš me neko vreme
zadržati u svojoj hazni draga" reče
„Volela bih da vidim čega sve tu ima".
I tako,
Bar na neko vreme moja se,
A nije stvarno moja,
Ja je tako iz najdubljeg divljenja svojatam,
Dakle prelepa se Žar-ptica
Bar na neko vreme
Iz legende useli
U moju riznicu dragocenosti.

[1] *Rađanje Žar-ptice* iz zbirke pesama *Anahoret* Eve Rančić

DVADESETPRVA

Ima jedna daleka daleka zemlja
U kojoj žive priče.
U ovoj domovini svih priča,
U kojoj su pohranjene sve reči
I svi jezici koji su se govorili
I kojim će se tek govoriti
Živi i jedan sasvim poseban jezik,
Jezik stvaranja,
Jezik anđela, ili jezik bogova.
Na tom jeziku,
Ako je verovati drevnim spisima
Stvoreno je nebo i zemlja
Vatra i voda sunce zvezde i mesec
Ceo univerzum i sve što u njemu postoji.
Jedino duh nije stvoren,
Jer on je taj koji je stvarao
Koji je postojao
I pre vremena koje nam je dato,
Zato je duh
U stvorenu materiju udahnuo život.
I tako se sve rodilo...
Počele su da teku reke i misli,
Ciklus života i smrti donosio je
Nova iskustva potiskujući sećanja,

Rađali su se novi životi,
Sve dalji od svog početka
Od praiskonskog izvora,
Amnezija je bila sve veća,
Pitanja sve besmislenija...
Put do daleke zemlje
U kojoj žive priče
Sa svih mapa izbrisan...
Ali uvek postoji neko,
I taj neko ostavlja
Jedva vidljive putokaze
U vlastitim pričama,
Koje vide oni kojima je dato.

DVADESETDRUGA

Ali pre svih priča,
Pre svih sećanja,
Pre početka vremena,
Kada su se tek rađale
Zvezde i galaksije,
Stvorena su svetlosna bića,
Ona su čuvari
Kapija između svetova
I kao što im i samo ime kaže
Žive u netvarnoj svetlosti
Koja se fizičkim očima
Ne može videti.
Između ostalog
Oni su čuvari i zemlje priča,
Zato ako bi neko i nekako našao
Put do te zemlje ne bi mogao
Tek tako u nju da uđe,
Morao bi osim čistog srca
I bistrog uma imati
I neke male darove
Kojima bi dokazao da je
Uistinu dostojan.
Ti darovi
Mogu biti najraznovrsniji,

Na primer neko ume
Da razume pesmu reke,
Neko čita putokaze kroz snove,
Neko ume da oživi drevne legende
Ili da stvara potpuno nove,
A iskusni tragači
I poznavatelji misterija
Imaju ključeve vremena
Koji su im osobito darivani
Zbog njihovog upornog traganja.
Samo takvi bivaju poznati
Od bića svetlosti
I propušteni kroz kapiju svetova
Kako bi sakupljali znanja
Za buduća pokolenja.
Zato sva pitanja
Koja iz tame izranjaju
Imaju dobre izglede da nađu odgovore.
Tako je govorila Žar-ptica
Koja se privremeno
U moju haznu naselila.

DVADESETTREĆA

I dok je moja prelepa Žar-ptica
Listala neku drevnu knjigu
Odjednom sa jedne ilustrovane stranice
Poleteše pravo u naš prostor/vreme
Šarene mandale, završe se u krug
Oko naših glava
I ponesoše nas pravo
Na jednu prekrasnu livadu snova.
Oko nas su zujale pčele
Veselo skakućući sa cveta na cvet,
I ispijajući nektar
Od kog su posle pravile med zaborava.
To je med koji ako pojedeš zaboraviš
Odakle si došao pa možeš zauvek ostati
U tom začaranom svetu, posve zadovoljan.
Na prekrasno opojno cveće
Sletali su sasvim neobični leptiri
Koji su na svojim nežnim prozirnim krilima
Nosili kapi euforije,
Svojim srećnim lepršanjem
Širili su takvu neizrecivu sreću
Da onaj ko bi posetio ovaj svet
I bez da kuša onaj med zaborava
Već biva u ozbiljnom iskušenju

Da se ikada vrati odakle je došao... ali...
Odjednom sve nestade
U samo jednom treptaju oka...
„Ovo je veoma opasna knjiga"
Dopre do mene kao iz druge dimenzije
Glas moje Žar-ptice.
Videh je kako odlučno sedi
Na koricama sklopljene knjige.
„Ovu knjigu nemoj otvarati,
ona vodi u svet za koji ove duše nisu spremne.
U ovaj svet se odlazi posle pročišćenja,
ako u njega zaluta neka nečista duša
taj isti predivni svet se
kao u ogledalu prometne u svoju suprotnost".
Poslušah moju mudru Žar-pticu,
Te knjigu zaključah u posebne škrinje,
A ključ sakrih u jedan meander vremena,
Daleko od radoznalih darovitih haznadara.

DVADESETČETVRTA

Dvadeset četvrto kazivanje je o početku svih strahova.
U dubinama prastarih knjiga, negde između rečenica,
U belim proredima ostala je sasvim neprimetno upisana
Senka straha onoga ko je knjigu pisao.
Taj strah je najpre lebdeo kao prašina
Iznad piščeve glave, počinjao je
Naizgled bezazlenim pitanjem „Da li je ovo dobro?",
Zatim bi se sama nadovezala i sledeća
„Hoće li ikome doneti nešto dobro?"
„Kome ovo treba?"
A odgovor kao ledeni vetar u kosti prodire
„Meni, samo meni treba,
svi drugi bi bez ovoga i mogli, ali ja ne mogu…"
Zatim je strah počinjao da raste
Iz oblaka prašine da prelazi u maglovitu tamu
Koja bi ispunjavala ceo prostor
Utiskivala se između redova knjige
I tu ostajala kao nemi svedok zasvagda.
Ponekad bi se lepila za piščeve prste
Usporavajući njegovo rukopisanije,
I sumnjom ispunjavajući um
Koji je ionako obitavao
U nekim dalekim svetovima
I već bio naučen da sumnja u sve.

Ali čak i u toj senci straha
Utisnutoj u proredima knjiga
Pisac je i ne znajući ostavljao priču,
I nju zaista umeju da pročitaju
Najčešće oni koji i sami
Takvo isto breme i blagoslov nose.

DVADESETPETA

Evo jedne takve priče,
Pročitane u proredima
Koju nam je pripovedač ne znajući ispričao.
Iz nekih dalekih galaksija
U ovaj nama znani svet
Dok je još uvek točak Svarogovog[1]
Zvezdanog neba okretao Perun[2],
Doselili su se neki prekrasni ljudi.
Sa sobom su doneli tajna znanja
Koja su im omogućavala
Da uvek i svuda mogu da se prilagode
I sasvim lepo da žive.
Govorili su nekim jezikom
Koji je imao tu moć
Da prizove kišu kada je suša,
Da čini da pšenica rađa,
Da množi pčele u roju,
Konje u krdu,
Da sabira dobre dane
I odvaja ih od manje dobrih.
Magija tih reči bila je tolika
Da je čak mogla i da isceli
Ako bi se ko kakvim slučajem razboleo.
Ali ti prekrasni ljudi

Nisu u svojim zapisima nosili sećanja
Na umeća ratovanja,
Jer su u grudima nosili čista srca
Ispunjena ljubavlju.
Zato kada je u jednom strašnom trenutku,
Dok je njihov zaštitnik Perun bio odsutan,
Odnekud sa severa došao
Surovi narod ratnika
Gotovo sve ih je sa lica ove zemlje izbrisao.
Sa njihovim nestankom nestale su
I sve tajne koje su sa sobom doneli,
A iz gromova Perunovih
Koje je bacio kada se vratio
Da pogubi surove ratnike sa severa
I danas niču perunike
Kao jedino sećanje na njegovu najmiliju decu.

[1] Svarog — slovenski bestelesni bog, tvorac cele vaseljene i svih bogova, koje stvara dok spava. Njegovo buđenje označava kraj sveta. Njegov simbol je KOLOVRAT, predstavlja sunce i označava beskrajni Krug rođenja i smrti

[2] Perun — vrhovni bog starih Slovena, sin boga Svaroga

DVADESETŠESTA

U osvit svih kreacija,
Kada je iz tame,
Iz tišine, iz srca nebesa
Stvoren i ovaj svet tvari
Sa svim svojim verzijama života,
Stvorena je najlepša od svih kreacija:
Adam, iliti čovek.
I bilo mu je dato znanje
O svemu što na svetu postoji.
I bio je taj adam[1]
Veoma sličan kreatoru,
I bi mu dato ono
Što ni jednom drugom stvoren biću nije,
Da se vlastitim naporom usavršava i evoluira,
Darivan slobodnom voljom da bira i spoznaje,
Da traga i da pronalazi,
Ako mu je potraga zaista iskrena.
I bi mu dato da ne bude konačan
U svojoj egzistenciji i obliku,
U vrlini i otkrivenjima,
Kreator ga učini dostojnim
Da jedini spozna put oboženja
I prelaska iz datog oblika postojanja
U savršeni.

Zato je čovekov um
Poprište najvećih bitaka
Koje se vode između senki i svetla...

Tako je besedila moja Žar-ptica
Jedne zimske večeri
Dok je onako usput
Skupljala zvezdane zrake sa neba
I plela ih u jednu drugu priču
Koju je kazivala neka druga ptica
Nekom isto tako pažljivom slušaocu.
U isto vreme na drugom kraju sveta
Rasla je neka sjajna šuma zaborava...

[1] Adam — (hebrejski) čovek

DVADESETSEDMA

A u šumi zaborava teku biserni potoci
Praveći ponegde vodopade
Koji oduzimaju dah
Ili vrtloge koji vuku u večnu tišinu.
U toj šumi zaborava ptice
Kao mrtve padaju u letu,
Jer kada u nju zalutaju odjednom
Ne mogu da se sete kako se
To jezdi na struji vetrova,
Kako se čitaju magnetni polovi zemlje
I što je najvažnije
Čemu služe krila koja imaju,
Pa ona ih samo sputavaju u hodu,
Kao već opevanog albatrosa
U Bodlerovoj pesmi...
A u bisernim potocima
Obitavale su neke čudne sedefaste školjke
Koje su pravile samo crne bisere.
Ako bi neki zalutali putnik
Slučajno našao to crno zrno bisera
Bio bi toliko začaran njim
Da bi ga odmah uzimao
I nosio uz sebe kao amajliju...
Ono je imalo moć da daruje večni život,

Ali je zato brisalo sva sećanja,
I takvom narečenom putniku usađivalo nova,
Virtualna koja su bila toliko opojna i zavodljiva,
Jer je u njima sve što bi on zamislio
Moglo da izgleda kao realnost.
Ta šuma zaborava je nikla
Iz umova samih ljudi
A za buduća pokolenja, ali zašto?
E to je pravo pitanje,
Jer u njoj ništa nije stvarno
I nema pravog pomaka i rasta u umu i duhu.
Ako i bude sačuvana neka priča o postanju
Počinjaće sa: „U početku beše nanočip
Koji skupljaše podatke iz ljudskog tela
I od njih spravljaše kriptovalutu,
I bi nazvan luciferaza".

DVADESETOSMA

„Kako je strašno kazivanje o šumi zaborava",
Rekoh ja mojoj Žar-ptici
Ne skrivajući zabrinutost za čovečanstvo.
Ali ona mi naravno odgovori u svom maniru:
„Tu gde je bila svetlost nacrtaću crnu rupu,
nastaniću harmoniju vetra,
zatim ću sipati boje
po pukotinama zida te crne rupe.
Prevariću selice
da skrenu sa svoje naučene putanje
u moj novi svet koji je iznikao ponovo
nakon pomračenja svetlosti,
nakon jednog umrlog dana.
Novi svet, lepši, svetliji i bolji
koji svakom može biti dom".
„Draga moja Žar-ptico,
kakve bi ovo bile reči,
da ih nisi ukrala iz pera Nostradamusa?"
Upitah je u šali.
„Ovo su reči odlazećeg" odgovori ona,
„Bilo mi je divno u tvojoj stvarnosti,
a sada se moram vratiti u svoju,
za kraj našeg druženja poklanjam ti
još jednu priču.

Priču za sve odabrane
koji na svom putu traganja
umeju da postavljaju prava pitanja,
jer samo prava pitanja donose odgovore".

DVADESETDEVETA

„Čuj poslednju priču"
Reče Žar-ptica pre konačnog rastanka...
„Priča arapskog pesnika glasi ovako:
Čovek kuca na vrata svome Voljenom.
Voljeni pita: Ko je? Čovek odgovara: Ja.
Voljeni kaže: Idi,
još nije došlo vreme da uđeš.
Posle dugog putovanja,
kao da je goreo u ognju,
nesrećnik se vraća i ide kući Voljenog.
On kuca, Voljeni pita: Ko je na vratima?
Čovek odgovara: Ti.
Onda — kaže Voljeni — ako si ti ja uđi kod mene".

Tišina je u sebe samu tkala
Svako slovo ove priče,
Da bi je mogla ispričati svakom
Ko jednom nauči da sluša tišinu.
„Tako stoji Voljeni raširenih ruku,
kao što ih je nekada širio na krstu
i govori: Rekoh bogovi ste, i sinovi Višnjega svi..."[1]
Nastavi moja Žar-ptica,
Prvi put želeći da bude sasvim jasna:
„Vidiš draga moja sa kakvom snagom

i sa kakvim moćima je svako stigao u ovu realnost,
a na šta siroti čovek troši svoje snage?"
Načinivši malu stanku
Duboko promišljajući reče:
„Malo je onih kojima dođoh,
ali sad zbilja moram da idem,
ko zna možda ću nekada ponovo doći.
Ostaj mi s Bogom".

[1] Psalam Asafov 82. Stih 6. Psaltir Davidov

TRIDESETA

Tako je haznadaru moj,
Trideset priča rečeno,
Trideset ciklusa vremena prošlo,
Trideset portala od trideset svetova otvoreno
I ponovo brižljivo zatvoreno,
Jer nije dobro da se svetovi mešaju,
I nije dobro da se sve tajne razotkriju.
U međuvremenu iz crne, žute, plave i zlatne
Opet je crvena iznikla,
Kao simbol života i krvi koja njim kola
I ponekad ga vuče u svoje sladostrašće
Čak egoizam zaboravljajući na prolaznost,
Na askezu, i na drugu stranu trajanja i bivstvovanja.
Zaboravljajući da čak i zvezde umiru
I da svaki novi dan nekim novim čudima biva ispunjen.
U jednom takvom danu opet ćemo se sresti,
I stvarati nove svetove, ja rečima ti bojama…
Do tada zaključavam našu haznu prepunu misterija
A ključ predajem Žar-ptici koja će ga odneti
Onom sinu jedincu[1] koji od kapi vode
Otresene sa Sučića, stvara nove svetove.

[1] Motiv iz priče „Povest o nastanku četrnaestog kolena Izrailjevog", iz knjige *Ljubavnik sunčeve kćeri* Eve Rančić

TRIDESET KAZIVANJA ZA JEDNO SVEOPŠTE PEVANJE EVE RANČIĆ

Nova pesnička knjiga Eve Rančić *Trideset kazivanja ključara vremena* već na planu imenovanja pokreće dva ključna fenomena književnog stvaranja. Prvi otkrivamo u motivu priča i pričanja koji nas arhetipski vezuje za legendarnu priču o pripovedaču koji svojim pričanjem produžava egzistenciju, pri čemu se vreme pričanja tačno omeđuje, čineći celokupni stvaralački tok mističnim i zagonetnim. Drugi fenomen vremena omeđen je simboličkom trideseticom, odnosno brojem trideset, čime autor spretno upreda poetičku i mozaičku raznovrsnost prisutnih motiva. S druge strane, pričanje nikada nije isto kada ga promatramo u vremenskom kontekstu, čak i kada proizilazi iz perspektive jednog pripovedača. Ono može biti uslovljeno starosnom dobi pripovedača, ali i društvenim, socijalnim, verskim, u najširem smislu, kulturološkim okolnostima, koje su u književnosti uvek osebujne, i upravo iz te temporalne perspektive i istorijskog konteksta, uvodi se i motiv ključara, čineći fiktivno vreme pesničke knjige tajanstvenom riznicom, u koju se treba ušunjati i samo naslutiti šta se iza pesničkih vrata Eve Rančić krije.

Ukrštanje vremenskih perspektiva, poetički se odražava i na naslove svih pesama, gde se pesnički zapis smelo prevodi u narativni, tj. umesto pesme, čitaocu se nudi priča: prva, druga, treća... trideseta, iza koje se preispituje tradicionalno poimanje pesme kao semantičkog polja iz koga najpre progovara melodičnost, osećajnost, pesnički ritam i pesnička slika. Međutim, naslovi su pre svega neka vrsta zagonetke, potreba da se kroz pesmu ispriča pesnička priča, makar ona počivala i samo na asocijativno-simboličkom planu.

Prva pesma u zbirci pod naslovom „Priča prva" na neki način je uvodničar u pesničku knjigu Eve Rančić. U njoj otkrivamo smelu pesničku igru pesnikinje i težnju da nas zavara ili, bolje rečeno, opčini pesmom koja se krije iza naslovljene maske tj. „priče". Dakle, pesnikinja peva trideset različitih pesama, tajanstvenih, kao iz kakve drevne riznice zaboravljenih civilizacija, gradeći svet između apstrakcija i boja, čineći uvek pesničku sliku živom i dopadljivom čitalačkom oku. U pesmi, koju smo simbolično nazvali uvodničarem, saznajemo da se imaginarni svet pesnikinje tvori na planu individualnog i kolektivnog sećanja, kroz prizmu naših predaka, koja putevima nesvesnog progovara i o nama samima — čuvarima našeg vremena.

Mnogostrukost očiju, odnosno, motiva oka u pluralu, ističe značaj pesničke tajne koja se više osvaja u zagonetnim trenucima vremena negoli što se kazuje i čuje kao takva. Mnogostrukost očiju dalje se usložnjava težnjom lirskog subjekta da oživi priče „mrtvih" pesnika, čime dolazimo do univerzalne ideje da su sve priče i pesme već ispričane i ispevane i da se sa tog stanovišta otkriva apsurdna uloga pesnika kao jedinog ključara vremena, jer on nikada ne progovara i ne peva sam, već sa pesmom svih svojih pesnika koje nosi sa sobom kao svojevrsni kod ključara, koji je tu da bi odškrinuo trideset vrata za život onih koji žive između svetova, u „zraku sunca", „po površini vode", u pričama koje počinju s „bilo jednom", između bezbrižnosti detinjstva i „udara kiše" koja magli poglede onih koji u „koraku nose slobodu".

Prepoznajemo iz izdvojenih fragmenata stihova da pesnikinja uspešno gradi svoj zapis, svoj kod ključara vremena, težeći da ga utka u snove i jezik stvaranja svih pesnika. Ovu pesničku knjigu možemo doživeti i kao svojevrsno rađanje „žar-ptice", koja u sebi nosi usud fatalne lepote, koja progovara kroz obrise mistične metamorfoze. Pesnikinja razotkriva da motiv žar-ptice putuje od njene pesničke knjige *Anahoret* do ove nove pesničke riznice, ukazujući na još jedan bitan poetički momenat koji se otkriva u težnji da se zakorači u sveopštu knjigu poezije, u pesmu svih pesnika, ali i „priču" koja povezuje pesničko nasleđe same pesnikinje otvarajući tako nove svetove: trideset priča za tragača mimo svakog vremena.

Miloš Sokolović

BELEŠKA O PISCU

Eva Rančić rođena je i živi u Pirotu. Autor je osam knjiga, od toga šest zbirki poezije, jedne kratke proze i jedne poeme.

Dobitnik je mnogobrojnih nagrada i priznanja.

Član je pesničke grupe „Avangarde će uvek postojati", koja okuplja pesnike osobene stilske poetike.

Počasni je član Udruženja književnika „Branko Miljković" iz Niša.

Pesme su joj prevođene na bugarski. Objavljene su u brojnim zbornicima, časopisima i antologijama savremene srpske književnosti.

SADRŽAJ

CRNO SUNCE..................1
Ko još sluša pesnika...............29

TRIDESET KAZIVANJA
KLJUČARA VREMENA...............37
Trideset kazivanja
za jedno sveopšte pevanje Eve Rančić...............97

BELEŠKA O PISCU.............101

Eva Rančić
CRNO SUNCE
~
TRIDESET KAZIVANJA KLJUČARA VREMENA

London, 2023

Recenzenti
Milica Jeftimijević Lilić
Miloš Sokolović

Izdavač
Globland Books
27 Old Gloucester Street
London, WC1N 3AX
United Kingdom
www.globlandbooks.com
info@globlandbooks.com

Naslovna fotografija
Tomasz Pawluk
(https://unsplash.com/photos/lqF_Sd20ZGQ)

www.ingramcontent.com/pod-product-compliance
Lightning Source LLC
Chambersburg PA
CBHW050301120526
44590CB00016B/2442